Guide du Temple pour l'étudiant de la Bible

par Robert Backhouse

Les grandes portes du Temple d'Hérode,
d'après la maquette authentique d'Alec Garrard.

M. Alec Garrard de Norfolk,
Grande Bretagne,
concepteur de la maquette
du Temple d'Hérode.

Cet ouvrage est illustré de photographies exclusives en couleurs de la magnifique maquette authentique du Temple d'Hérode, reconstituée sur la base d'informations provenant de la Bible, du Talmud et de la Mischna, ainsi que des découvertes archéologiques les plus récentes. Elle représente le travail de toute une vie pour Alec Garrard de Fressingfield, Norfolk, Grande Bretagne.

Titre en anglais : ***The Student Bible Guide to the temple***

Conçu et réalisé par Three's Company, 12 Flitcroft Street,
London WC2H 8DJ, Angleterre

Co-édition mondiale organisée par Angus Hudson Ltd

2ème Édition : 2ème trimestre 2002

Traduction : Sabine Bastin
Composition du texte : Editions Farel

Impression à Singapour
ISBN 2-86314-179-1

AUTRES LIVRES DE CETTE SÉRIE

Chronologie biblique
de l'étudiant de la Bible

L'Atlas de l'étudiant de la Bible

La vie aux temps Bibliques

Guide de lecture
de l'étudiant de la Bible

Chronologie de l'histoire de l'Eglise

Table des matières

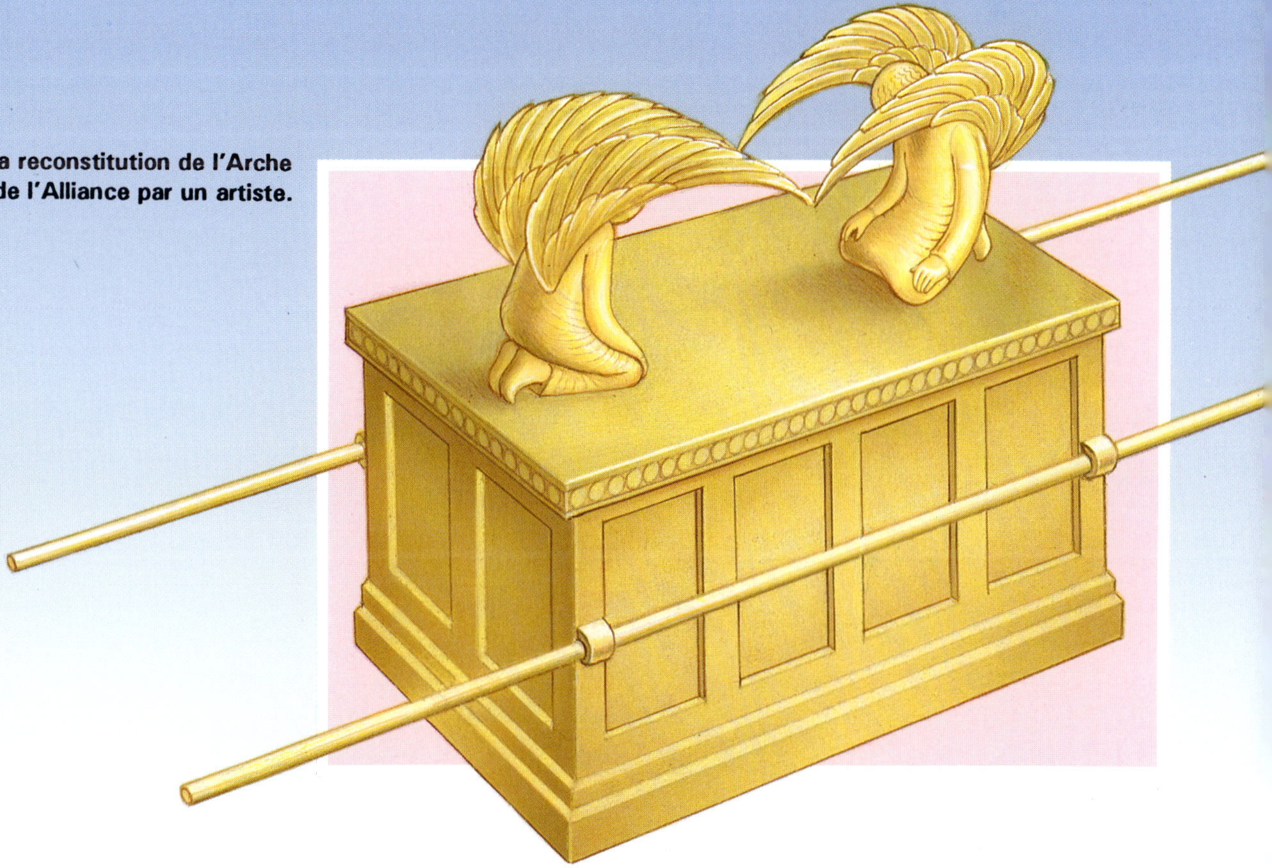

La reconstitution de l'Arche de l'Alliance par un artiste.

La représentation par un artiste des sacrifices offerts au Tabernacle. A l'avant-plan, un sacrificateur soufflant dans une corne de bélier.

Le Tabernacle

Le Tabernacle, ou Tente de la Rencontre, fut dressé pour la première fois par les Israélites au Mont Sinaï, après leur fuite de l'esclavage en Egypte. A travers lui, Dieu leur enseigna comment ils devaient L'adorer. Lorsque Moïse entrait dans la tente, « l'Eternel parlait avec Moïse face à face, comme un homme parle à son ami » (Exode 33.11).

La construction.

Le pourtour du Tabernacle était constitué de tentures, soutenues par une structure métallique et mesurant 46 mètres sur 23 et 2,3 mètres de haut.

Le Tabernacle même était une grande tente mesurant 13,7 mètres sur 4,6. Le principe de « la tente de Dieu », une structure portable, s'avérait particulièrement pratique pour les Israélites pendant leurs déplacements dans le désert. Elle comprenait deux parties, une pièce extérieure, le Lieu saint, où seuls les sacrificateurs pouvaient pénétrer et un espace intérieur, baptisé Lieu très saint ou Saints des Saints, réservé au souverain sacrificateur qui ne pouvait y pénétrer qu'une fois par an. Dans cet endroit se dressait l'Arche de l'Alliance, contenant les Dix Commandements et d'autres objets précieux.

A l'extérieur, dans la cour, se tenait l'autel, sur lequel des chèvres, des agneaux, des taureaux et autres animaux étaient brûlés en sacrifice, ainsi qu'une cuve de bronze, ou bassin.

Au Tabernacle, le peuple de Dieu entrait dans la présence de leur Seigneur.

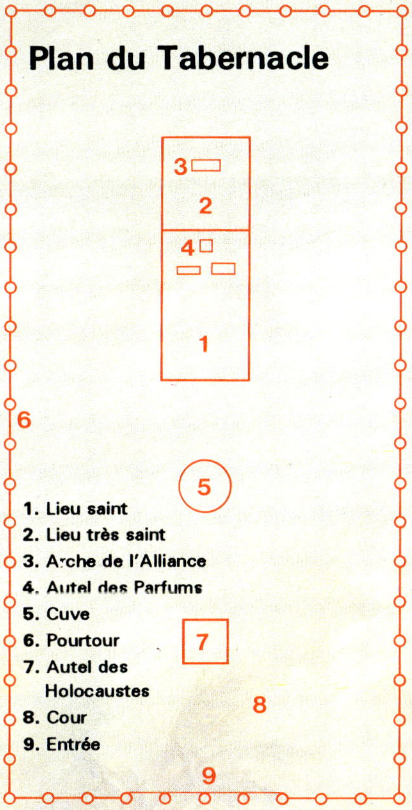

La représentation par un artiste du Temple de Salomon, avec la grande cuve, ou bassin de bronze, pour les ablutions rituelles. Les chapiteaux des piliers, dressés de part et d'autre de l'entrée du Temple, étaient chacun ornés de 200 grenades.

Le Temple de Salomon

Le Roi David n'eut pas le droit de bâtir un Temple, bien qu'il rassembla de l'argent et des matériaux pour sa construction. Il fallut sept ans à Salomon, son fils, pour édifier le premier Temple de Jérusalem. Il avait deux fois la taille du Tabernacle portatif qu'il remplaçait et qui lui servait de modèle. (Le Tabernacle avait été amené à Jérusalem : 1 Rois 8.1-5).

Salomon utilisa le travail forcé de 80.000 tailleurs de pierre et 70.000 porteurs pour découper et transporter de giganstesques blocs de pierre destinés à la construction du Temple, tandis que 30.000 Israélites rapportaient du bois de cèdre et de genévrier du Liban. Le Temple était lambrissé de cèdre, sur lequel des artisans phéniciens de grand talent ont taillé des chérubins, des fleurs et des palmiers, avant que tout l'intérieur soit recouvert d'or.

A l'extérieur du Temple se dressaient un autel de bronze à trois niveaux et un grand bassin en bronze (la cuve) pour les ablutions rituelles, soutenu par douze boeufs en bronze, trois à chaque point cardinal.

La double porte de bois de cyprès, permettant d'accéder au Lieu saint, était flanquée de deux piliers : à droite Jakin et à gauche Boaz.

Le Temple de Salomon, la réalisation du rêve du Roi David, fut un monument à la gloire de Dieu (cf. 1 Rois 6-7, 2 Chroniques 3-4).

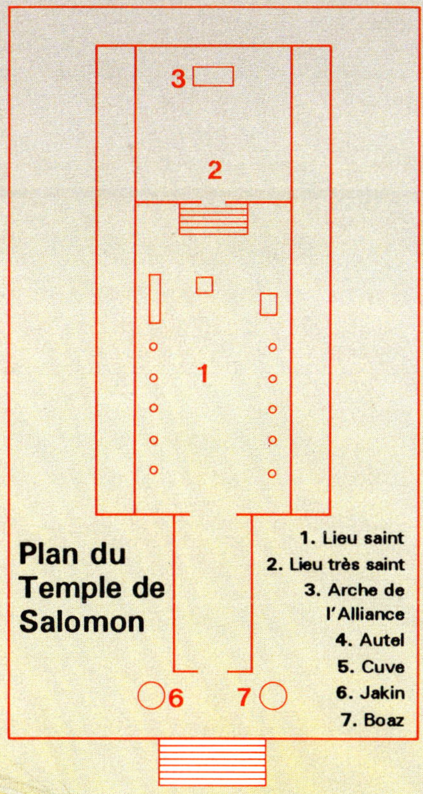

Le Temple d'Hérode

De Salomon à Hérode

Le magnifique Temple de Salomon connut une histoire mouvementée de négligence, vol (le roi Chichaq d'Egypte a dérobé certains de ses trésors pendant le règne de Roboam, fils de Salomon), abus (le roi Manassé réintroduit les pratiques païennes et « bâtit des autels à toute l'armée des cieux » (2 Rois 21.4-5) et de pillage et destruction sous le roi assyrien Nebucadnetsar en 587 av. J.-C. L'Arche de l'Alliance disparut lors de la déportation et ne fut jamais retrouvée, ni remplacée.

Sous la conduite du roi Zorobabel et du souverain sacrificateur Josué, les Israélites reconstruirent le Temple de Salomon, mais à une échelle bien moindre. Lorsque les fondations de ce Temple furent posées, de nombreux « sacrificateurs âgés, pleuraient à grand bruit » de déception (Esdras 3.7-13).

Les prophètes de l'Ancien Testament encouragèrent les Juifs revenus d'exil à achever la restauration du Temple et à y adorer Dieu fidèlement. L'un d'entre eux demanda d'un ton mordant, « Est-ce le temps pour vous d'habiter vos demeures lambrissées, quand cette Maison [le Temple] est en ruines ? » (Aggée 1.4).

Le second Temple fut probablement embelli et orné de façon plus élaborée au cours des troisième et second siècles av. J-C, mais nous savons peu de choses sur cette période de l'Histoire. Le 15 décembre 167 av. J-C, Antiochus IV, roi séleucide, dressa un autel païen dans le Temple, le polluant ainsi rituellement aux yeux des Juifs. Lorsque les héros juifs, les Macchabées, vainquirent les Séleucides, ils durent purifier le Temple et le dédier à nouveau à Dieu (1 Macchabées 4.36-59). En 63 av. J-C, le général romain Pompée prit possession de Jérusalem.

Un geste politique

Le Roi Hérode décida de rebâtir le Temple. Hérode, roi de Judée entre 37 av. J-C et 4 ap. J-C, n'était pas juif de naissance mais descendant des Edomites, peuple honni, et membre de la dynastie des Iduméens. Etranger, il était également détesté par les Juifs pour avoir assassiné certains membres de la famille rivale juive des Hasmonéens, et pour avoir une Samaritaine, Malthace, parmi ses dix épouses.

Magnifique

Bien que le Temple d'Hérode fut indubitablement le plus grand et le plus magnificent des trois édifices, il n'a pas été érigé à la gloire de Dieu mais pour gagner

Sicle juif (132-135 ap. J-C), représentant le Temple d'Hérode.

Ci-contre : vue du Parvis des Sacrificateurs et du Temple, d'après la maquette réalisée par Alec Garrard.

la faveur des Juifs, qu'il devait maîtriser afin de rester roi fantoche au sein de l'Empire romain.

Hérode le Grand

Hérodion

Hérode aimait les entreprises architecturales grandioses. L'Hérodion est l'une des plus grandes forteresses jamais bâties pour la protection d'un seul homme et l'un des plus grands exploits de l'ingénierie de la période inter-testamentaire, découverts à ce jour. Erigée au sommet d'un gigantesque mont conique, à 11 kilomètres au Sud de Jérusalem, avec quatre tours (trois semi-circulaires et une ronde), elle était protégée par une double enceinte extérieure, dont les deux murs étaient séparés par une voie de passage large de 3 mètres.

Lorsque Jérusalem fut détruite en 70 ap. J-C, l'Hérodion fut l'un des trois principaux sites de la résistance juive à l'extérieur de la ville. Au second siècle, la révolte juive de Bar-Cocheba, utilisa également l'Hérodion comme quartier général.

Massada

Massada, l'autre luxueuse forteresse d'Hérode, était située sur le rivage occidental de la Mer Morte et servait de lieu de séjour en été. Cette retraite, pratiquement imprenable, était somptueusement meublée, comme en témoignent les grands bains et les entrepôts mis à jour par des fouilles. Des Juifs zélotes fanatiques y poursuivirent leur lutte désespérée contre Rome en 73 ap. J-C Plutôt que d'être capturés par les Romains, ils convinrent d'un suicide collectif, tuant d'abord leurs femmes et leurs enfants, et se donnant ensuite la mort.

Les vestiges du palais du nord d'Hérode à Massada, vus de profil.

Jérusalem en 30

La ville de Dieu

Cette représentation artistique de la ville de Jérusalem à l'époque de Jésus montre le Temple d'Hérode, la plus grandiose entreprise architecturale du monarque, qu'il lança en 19 av. J-C et qui recouvrait plus de 15 pour cent de la superficie totale de Jérusalem.

Jérusalem est l'une des plus célèbres villes du monde et constitue une ville sainte pour trois religions : le christianisme, le judaïsme et l'islam. Pour la religion juive et l'enseignement chrétien, Jérusalem est la ville de Dieu. Elle fut la plus importante ville de l'histoire d'Israël.

A l'époque de Jésus, Jérusalem était le centre de la foi et de l'adoration juives. Elle fut également le théâtre de la dernière semaine de la vie de Jésus et des événements les plus capitaux du plan rédempteur de Dieu.

Jésus parla de Jérusalem à ses disciples : « nous montons à Jérusalem ; et tout ce qui a été écrit par les prophètes au sujet du Fils de l'homme s'accomplira. Car Il sera livré aux païens ; on se mo-

quera de Lui, on le maltraitera, on crachera sur Lui et, après l'avoir flagellé on le fera mourir ; et le troisième jour Il ressuscitera » (Luc 18.31-33).

Jésus révéla son immense amour pour Jérusalem lorsqu'Il dit, « Jérusalem, Jérusalem, qui tues les prophètes et qui lapides ceux qui te sont envoyés, combien de fois ai-je voulu rassembler tes enfants, comme une poule rassemble ses poussins sous ses ailes, et vous ne l'avez pas voulu ! Voici : votre maison vous est laissée déserte » (Matthieu 23.37-38).

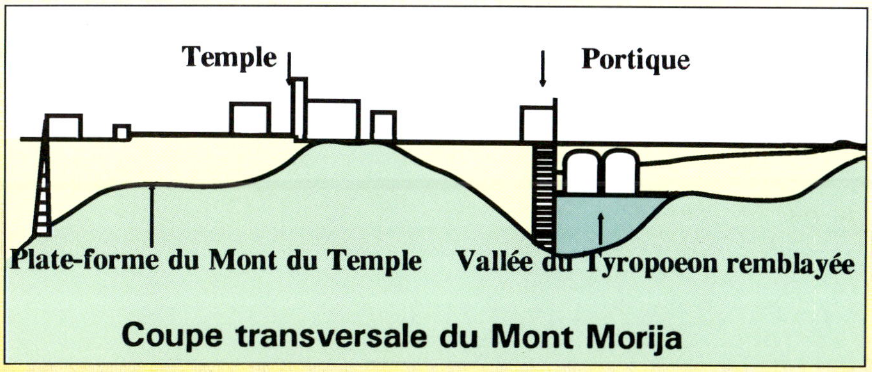

Bébé, Il y fut « présenté » (Luc 2.22) et, plus tard, Jésus y remarqua la pauvre veuve « mettre deux petites pièces dans le tronc » (Luc 21.1-4).

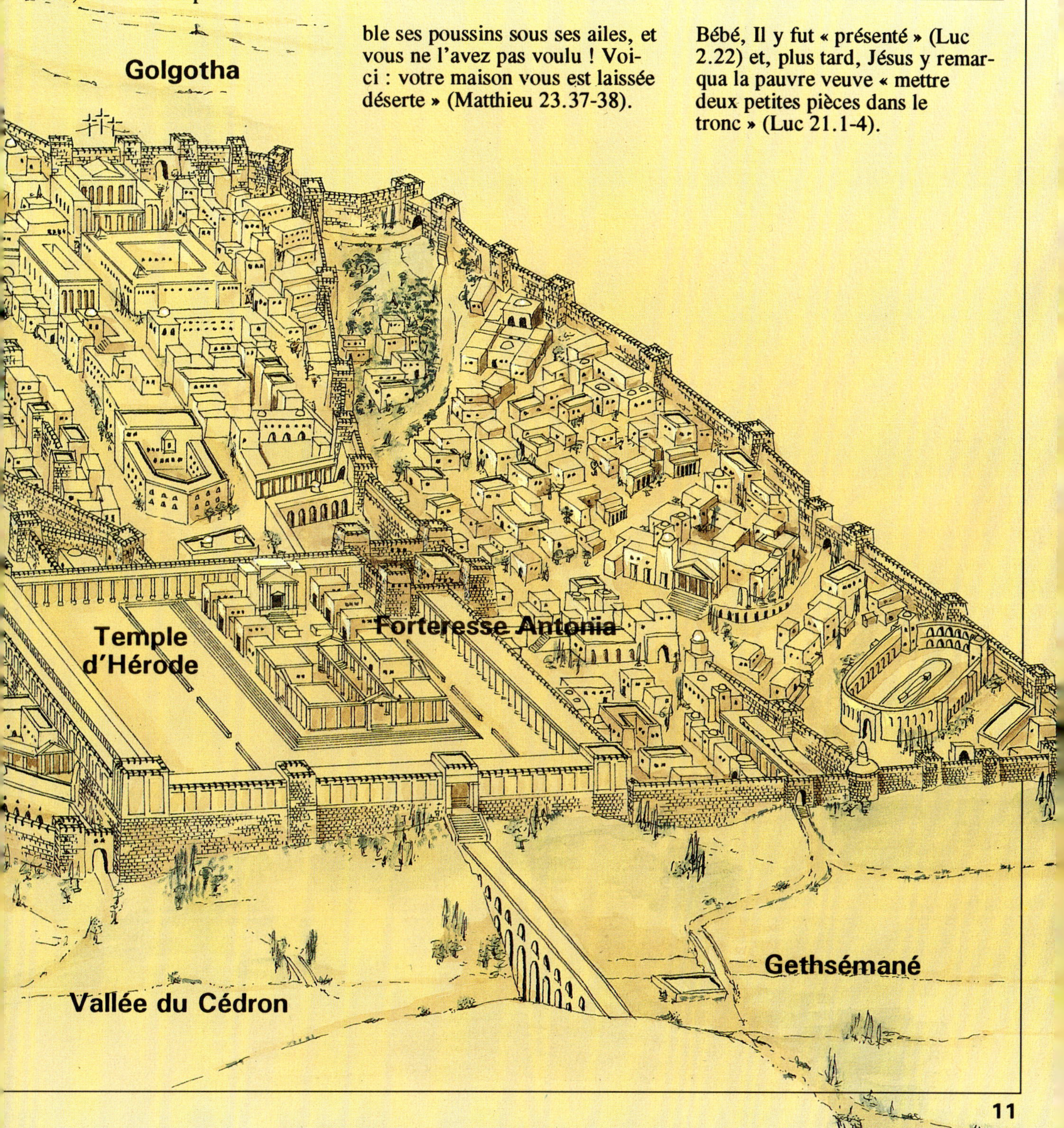

Hérode bâtit un Temple

Hérode le Grand entama à Jérusalem un programme de construction ambitieux. Une superficie d'environ 15 hectares fut entourée par une muraille massive, au sommet de la colline sur laquelle s'élevait la ville. Les endroits creux ont été remblayés avec des décombres ou aménagés en cryptes pour le stockage ou les écuries. Le mur d'enceinte mesurait environ 305 mètres de long. A l'origine, il englobait le Palais du roi Salomon, à l'extrémité sud, et son niveau était inférieur à celui de la plate-forme du Temple. Lorsque le roi Hérode agrandit et embellit le Temple, la plate-forme entière fut rehaussée à un niveau plus élevé. Hérode entama ses travaux sur le Temple en 19 av. J-C et termina le Sanctuaire en 12 av. J-C. Cependant, le bâtiment ne fut pas complètement achevé avant 64 ap. J-C.

Le modèle d'adoration.

L'adoration dans le Temple était basée sur celle du Tabernacle, si ce n'est que tout se déroulait à une échelle bien plus grande. Autour du Temple, orienté vers l'Est, s'étendaient des cours, destinées à des usages divers.

Un mur d'environ 1,5 mètre de haut, appelé « le Mur de Séparation » entourait le Sanctuaire et seuls les Juifs étaient autorisés à franchir cette limite, sous peine de mort. Une inscription gravée à cet effet sur un bloc de calcaire de 57 x 85 cm, fut découverte à Jérusalem en 1871. Elle disait : « Aucun étranger n'est autorisé à franchir l'enceinte qui entoure le Temple. Quiconque sera surpris sera responsable de la mort qu'il subira » (lire Actes 21.26 et suiv. ; Ephésiens 2.14-18).

Au-delà du Mur de Séparation, une volée de 12 marches menait à un parvis 3 mètres plus haut, où la Porte des Femmes et la Porte des Purs et Justes donnaient accès à une cour pavée, baptisée le Parvis de la Prière.

Au bout de ce parvis, sur une estrade semi-circulaire surélevée, les sacrifices et les dons étaient amenés pour être présentés au Seigneur.

Au-delà de ce promontoir, s'étendait le Parvis des Sacrificateurs, avec le grand autel des holocaustes et sa cuve d'airain destinée aux ablutions rituelles des sacrificateurs. Le porche menait dans le Sanctuaire même, comprenant le Lieu saint et le Lieu très saint.

A l'intérieur du Sanctuaire.

A l'intérieur du Sanctuaire se trouvaient le chandelier à sept branches, la table des pains de proposition et l'autel des parfums. Le Lieu très saint mesurait approximativement 9 x 9 mètres et 18 mètres de haut. Il était séparé du Lieu saint par un grand voile (cf. Luc 23.45).

Inscription interdisant l'accès du Temple aux non-Juifs.

Plan du Temple

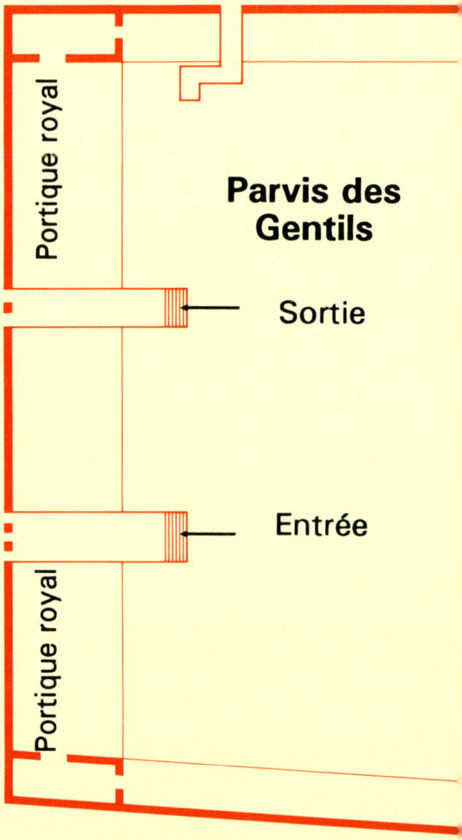

Le coin sud-ouest du mur entourant le Mont du Temple, avec « l'Arche de Robinson », les vestiges d'une large arche reliant la ville au Temple.

La forteresse Antonia

Hérode baptisa la forteresse Antonia en l'honneur de Marc-Antoine, ami de Jules César. Après qu'Antoine eut vaincu les ennemis de César au Nord de la Grèce, il nomma Hérode tétrarque (gouverneur d'un quart) de Galilée (cf. Matthieu 14.1). Le tribun militaire romain, qui assumait la fonction de chef de la police, et ses hommes étaient en garnison dans la forteresse Antonia, qui assurait aussi la garde du Temple d'Hérode.
C'est dans cette grande citadelle, située à l'angle nord-est de l'aire du Temple, que fut emprisonné l'apôtre Paul pour sa propre sécurité, lorsque les dirigeants juifs complotèrent pour le tuer (Actes 22).

La maquette d'Alec Garrard reproduisant la forteresse Antonia, ainsi baptisée en l'honneur de Marc-Antoine.

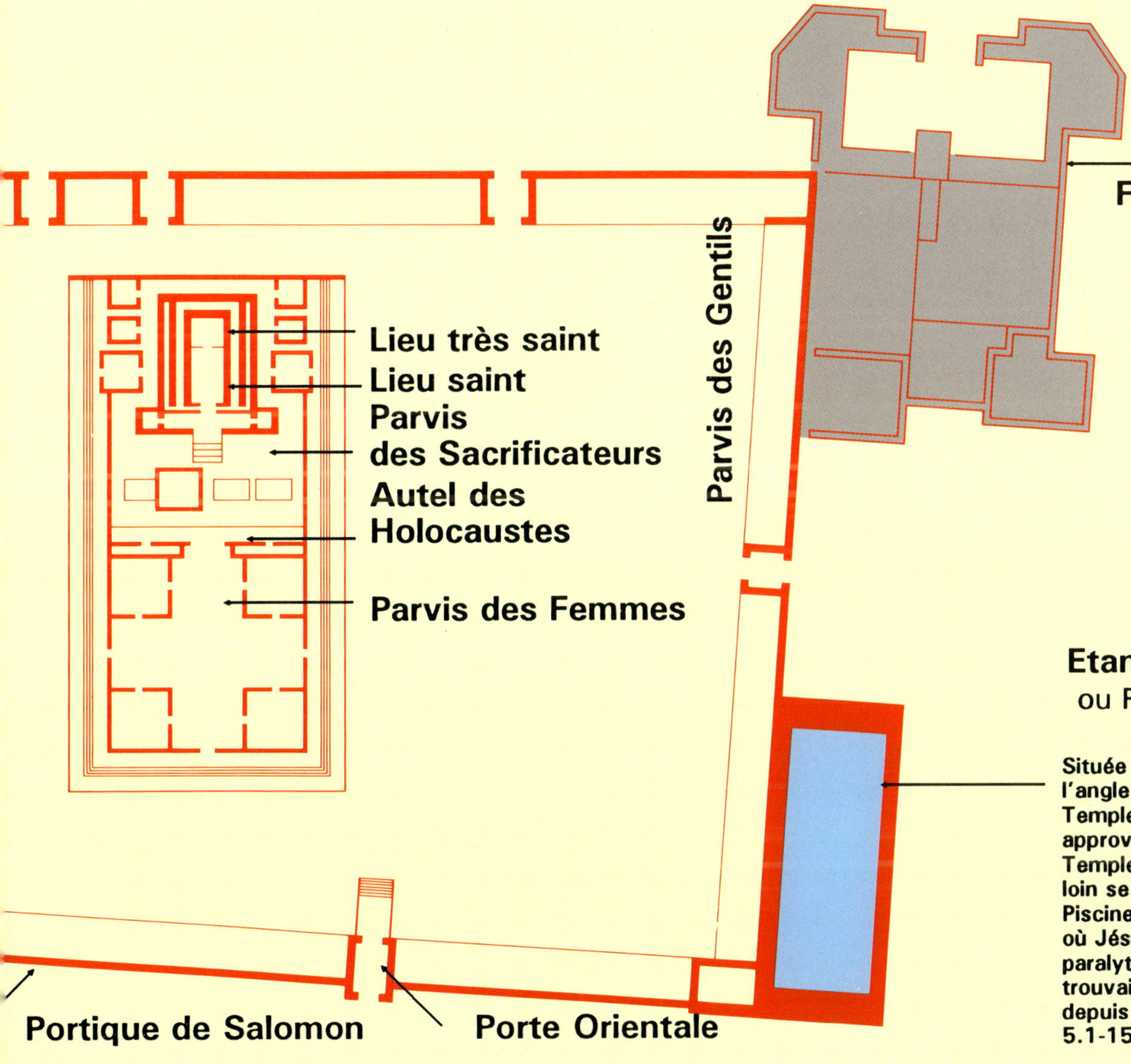

Située à proximité de l'angle nord-est du Temple, cette piscine approvisionnait le Temple en eau. Non loin se trouvait la Piscine de Béthesda, où Jésus guérit un paralytique, qui s'y trouvait couché depuis 38 ans (Jean 5.1-15).

Les rituels du Temple

Le souverain sacrificateur était le personnage principal dans le déroulement des rites sacrificiels. Il portait des vêtements symboliques, comme le pectoral attaché sur sa poitrine et serti de douze pierres précieuses, chacune gravée du nom de l'une des douze tribus d'Israël. Sur la rangée supérieure, une sardoine, une topaze et une émeraude. Sur la seconde, une escarboucle, un saphir et un diamant. La troisième rangée comportait une opale, une agathe et une améthyste et la quatrième, une chrysolithe, un onyx et un jaspe (Exode 39.8-21).

La tâche principale des sacrificateurs du Temple consistait à offrir quotidiennement des animaux en sacrifice de la part du peuple.

Seul le souverain sacrificateur était autorisé à pénétrer dans le Lieu très saint, une fois par an uniquement, le jour d'Expiation (Yom Kippour), pour asperger du sang de deux animaux sacrifiés le propitiatoire (couvercle) de l'Arche de l'Alliance, lieu où, symboliquement, Dieu rencontrait son peuple (Lévitique 16).

Aaron, le premier souverain sacrificateur, est représenté en train d'asperger les cornes de l'autel avec le sang d'un veau sacrifié pour un péché (cf. Lévitique 9.8-11).

Les sacrifices de l'Ancien Testament

Les cinq sacrifices pratiqués à l'époque de l'Ancien Testament étaient :

1. Les holocaustes, lorsqu'un boeuf (une tourterelle pour les pauvres) était offert en signe d'adoration.

2. Les offrandes de céréales, lorsque du pain cuit était offert pour témoigner de la provision de Dieu.

3. Les offrandes d'actions de grâces, lorsqu'un animal sans défaut était offert en signe de reconnaissance.

4. Les sacrifices pour le péché, lorsqu'un taureau ou un bouc (une tourterelle pour les pauvres) était offert pour l'expiation des péchés.

5. Les sacrifices de culpabilité, lorsqu'un bélier ou un agneau était offert en restitution du péché (Lévitique 5).

Dans le Nouveau Testament, la lettre aux Hébreux reprend ce langage sacrificiel, appelant Christ le souverain sacrificateur et déclarant, « nous sommes sanctifiés, par l'offrande du corps de Jésus Christ, une fois pour toutes » (Hébreux 10.10). L'auteur souligne que « sans effusion de sang, il n'y a pas de pardon » (Hébreux 9.22).

Ci-dessus : la Piscine des Brebis, à l'extérieur du Temple, dans laquelle les animaux étaient lavés.

Ci-contre : les enclos dans lesquels les moutons et le bétail étaient gardés pour les sacrifices.

Ci-dessous : Etales des commerçants à l'extérieur du Temple, représentés sur la maquette d'Alec Garrard.

Le Temple d'Hérode

Cette vue globale du Temple, reconstitué par Alec Garrard, donne une excellente impression des dimensions monumentales de l'édifice et des vastes parvis qui l'entouraient.

Le magnifique édifice d'Hérode et ses cinquante mètres de hauteur impressionèrent le disciple qui dit à Jésus, « Maître, regarde, quelles pierres, quelles constructions ! » Jésus lui répondit : « Il ne restera pas pierre sur pierre qui ne soit renversée » (Marc 13.1-2).

Jésus utilisa aussi le Temple pour illustrer sa propre ressurrection, lorsqu'Il déclara, « Détruisez ce temple, et en trois jours je le relèverai. » Les Juifs rétorquèrent, « Il a fallu quarante-six ans pour bâtir ce temple ». Jean explique, « Mais Il parlait du temple de son corps » (Jean 2.18-21).

L’Autel du sacrifice

Les sacrificateurs préparaient les animaux pour le sacrifice sur l’autel du Parvis des Sacrificateurs. Les coutumes sacrificielles étaient tellement familières aux Juifs que les premières paroles de Jean-Baptiste sur Jésus qui nous sont rapportées, se seront passées d’explication : « Voici l’Agneau de Dieu, qui ôte le péché du monde ! » (Jean 1.29).

Les fêtes du Temple

Dieu donna au peuple juif de nombreux jours de fêtes, ou festivals, pour célébrer divers événements au fil de l'année. La fête de Pâque, la Pentecôte et la fête des Tabernacles étaient les trois fêtes principales.

La Fête de la Pentecôte.

La Fête de la Pentecôte (Moisson ou Semaines) était destinée à rendre grâce à Dieu pour avoir béni la moisson. Deux miches de pain levé étaient offertes, ainsi que deux agneaux âgés d'un an en sacrifice d'actions de grâces (donnés à Dieu et puis rendus) (Lévitique 23.15-22).

La Fête des Tabernacles.

Pendant la Fête des Tabernacles (Huttes ou Récolte), réjouissance d'une semaine pour la moisson, les juifs vivaient dans des abris de fortune en branchages (huttes) pour commémorer le voyage d'Israël d'Egypte à Canaan, et pour remercier Dieu pour les richesses de Canaan. Les Juifs devaient prendre « du fruit de beaux arbres, des branches de palmiers, des rameaux d'arbres touffus et des saules de rivières et vous vous réjouirez devant l'Eternel, votre Dieu, pendant sept jours » (Lévitique 23.33-40).

Dans le Temple, 70 boeufs étaient sacrifiés, pour les 70 nations du monde. Chaque jour, la Loi était lue, 21 trompettes du Temple raisonnaient en fanfare, tandis que le rituel de 'puiser de l'eau' était également observé. Un sacrificateur se rendait au réservoir de Siloé avec une cruche en or et en puisait solennellement trois mesures d'eau. Sous l'accompagnement des trompettes du Temple, l'eau était amenée au sommet de la pente de l'autel et versée dans une cuve en argent

Des fidèles avec des branches de palmier s'approchant du Temple pour la Fête des Tabernacles.

La vache rousse est menée à l'extérieur de l'enceinte du Temple pour être sacrifiée sur le Mont des Oliviers, le Jour d'Expiation.

Un chandelier à sept branches.

sur le côté occidental. Jésus, conscient des besoins spirituels de la foule présente dans le Temple, déclara le dernier jour de cette grande fête, « Si quelqu'un a soif, qu'il vienne à moi et qu'il boive » (Jean 7.37).

Le Jour d'Expiation (Yom Kippour).

Le jour de confession nationale, lorsque le souverain sacrificateur pénétrait dans le Lieu très saint du Temple pour asperger le sang du sacrifice (Lévitique 23.26-32).

La Nouvelle Lune.

Les Juifs fêtaient le début de chaque mois comme ils en avaient reçu le commandement (Nombres 28.11).

La Fête des Prémices.

Au cours de cette fête, une gerbe du premier orge était présentée en offrande. Deux offrandes, l'une consommée par le feu et l'autre de grain, étaient également effectuées (Lévitique 23.9-14).

La Fête des Trompettes.

Cette fête, appelée plus tard Rosh Hashanah (premier jour de l'année) commémore le jour où le Seigneur a dit à Moïse, « vous devez avoir un jour de repos, une sainte convocation, rappelée par la clameur des trompettes » (cf. Lévitique 23.23-25).

La Fête de Pâque

La Fête de Pâque (Pesach) commémorait la délivrance d'Israël de l'esclavage en Egypte et le souvenir du passage de l'ange de la mort qui épargna les enfants israélites. Cette fête commençait par le repas de Pâque (Seder), mangé par chaque famille juive dans son foyer, en répétition symbolique de la première Pâque. Celle-ci se tint en avril (14 Nisan). C'est ce même repas que Jésus partagea avec ses disciples dans la chambre haute à Jérusalem, le jour que nous appelons désormais le jeudi saint.

La Fête des Pains sans Levain

Sept autres jours de vacances, la Fête des Pains sans Levain, succédaient à la Pâque. Pendant cette semaine, les familles juives mangeaient du pain sans levain, en se souvenant de leurs 40 années d'errance dans le désert. On lisait aux Juifs, « vous présenterez à l'Eternel, en holocauste consumé par le feu : deux jeunes taureaux, un bélier, et vous aurez sept agneaux d'un an sans défaut ; et comme offrande correspondante de fleur de farine pétrie à l'huile, trois dixièmes pour un taureau.. (vous offrirez) un bouc pour le péché, afin de faire pour vous l'expiation » (Nombres 28.19-22).

Un plateau traditionnel contenant les mets symboliques consommés au repas de Pâque.

Du pain sans levain sur une reconstitution de la Table des Pains de Proposition.

Jésus et le Temple

Jésus perdu à Jérusalem

Le seul incident de l'enfance de Jésus rapporté dans les Evangiles concerne le Temple (Luc 2.41-52). A l'âge de douze ans, Jésus est monté à Jérusalem avec Marie et Joseph pour la fête de la Pâque. (La Loi ne disait pas que les femmes devaient se rendre au Temple mais Marie obéissait avec joie à la recommendation du Rabbi Hillel, et accompagnait son époux chaque année ; cette fois, ils emmenèrent également Jésus).

Douze ans représentait un tournant important dans la vie d'un petit garçon juif. Désormais, Il devait commencer à apprendre un métier pour gagner sa vie et devenir « un fils de la Loi ».

Après la fête, Jésus est resté à Jérusalem. Marie et Joseph pensaient qu'Il se trouvait parmi leurs compagnons de voyage, en route vers Nazareth. Lorsqu'ils ne purent Le trouver dans leur groupe, ils retournèrent à Jérusalem pour Le chercher.

Après trois jours, ils trouvèrent Jésus sur les parvis du Temple, assis en compagnie des docteurs (où étaient généralement uniquement admis les rabbis, experts du judaïsme), écoutant et leur posant des questions. « Tous ceux qui l'entendaient étaient surpris de son intelligence et de ses réponses. » Marie et Joseph étaient aussi abasourdis. A la question de Marie qui décrivait combien ses parents l'avaient cherché « avec angoisse, Jésus répondit, Ne saviez-vous pas qu'il faut que Je m'occupe des affaires de mon Père ? » (Luc 2.49).

Anciens juifs

Jésus et les changeurs d'argent

Jésus décrit à nouveau le Temple comme la « maison de son Père » (Jean 2.12-17), le lendemain du Dimanche des Rameaux, jour de son arrivée à Jérusalem. Il retourna au Temple et trouva le Parvis des Gentils envahi par les commerçants et les changeurs, réalisant de gros profits. Vingt et un jours avant la Pâque, les sacrificateurs commençaient à collecter l'impôt du Temple, qui devait être versé chaque année par tout Israélite, riche ou pauvre. L'impôt était supposé racheter les péchés du donneur et contribuer aux dépenses de fonctionnement et de maintenance du Temple (Exode 30.11-18). Si les changeurs avaient été confinés dans les rues autour du Temple, tout aurait été convenable. Le Talmud rapporte qu'un certain Bahba Ben Buta a été le premier à introduire « 3.000 moutons des troupeaux de Kédar » sur le Parvis des Gentils. Son exemple profane fut abondamment suivi, tant et si bien qu'à l'époque de Jésus, la puanteur et les excréments des troupeaux de moutons et de boeufs remplissaient l'air, tandis que les marchands et les pélerins en visite marchandaient sur leur valeur. Jésus fit un fouet avec des cordes et les chassa tous hors du Temple, y compris le bétail et les moutons. A ceux qui vendaient des pigeons, Il dit, « Otez cela d'ici, ne faites pas de la maison de mon Père une maison de trafic ! »

Jésus dénonça les responsables juifs qui paradaient dans les rues, en portant des franges particulièrement longues sur leur châle de prière et en affichant des phylactères particulièrement larges (Matthieu 23.1-5).

Beaucoup de Juifs portaient des phylactères sur leurs poignets et leur front, en signe d'obéissance littérale au commandement de Dieu de « lier ses instructions sur leurs mains et leur front » (Deutéronome 6.8). Les minuscules boîtes contenaient des parchemins sur lesquels étaient inscrits des passages de l'Ancien Testament.

Jésus et les fêtes.

Jésus se rendait probablement au Temple chaque année à l'occasion des trois grandes fêtes de la Pâque, la Pentecôte et des Tabernacles, lorsque, selon la loi de Moïse, tout homme capable en Israël devait se présenter devant le Seigneur à Jérusalem (Deutéronome 16.16).

Jésus profitait souvent de ces occasions, au cours desquelles de grandes foules étaient rassemblées sur les parvis du Temple, pour enseigner le peuple sur le Royaume de Dieu et sur le but de son ministère (Luc 19.47, 20.21). On a relevé que les quatre évangélistes mentionnent la visite de Jésus au Temple à 14 occasions distinctes.

Les responsables religieux.

Certaines des rencontres les plus vives de Jésus avec les autorités religieuses de Jérusalem ont eu lieu sur les parvis du Temple.

A l'une de ces occasions, les principaux sacrificateurs et les Pharisiens envoyèrent la garde du Temple pour L'arrêter alors qu'Il enseignait sur les parvis. Lorsque ces hommes entendirent le Christ, ils furent fascinés. Ils retournèrent auprès des principaux sacrificateurs et des Pharisiens qui leur demandèrent, « Pourquoi ne l'avez-vous pas amené ? » « Jamais homme n'a parlé comme parle cet homme, » déclarèrent-ils (Jean 7.32-52).

La destruction du Temple

L'empereur Vespasien 69-79 ap. J-C

En 66 ap. J-C, les Juifs se sont rebellés contre l'envahisseur romain. Le Temple d'Hérode est devenu le point central de résistance, où les Juifs tenaient bon contre la puissance de Rome. En août de l'an 70 ap. J-C, toute la ville de Jérusalem, à l'exception du Temple, tombée était entre les mains des Romains.

Le Temple étant l'une des merveilles du monde ancien, les Romains hésitèrent avant de le détruire. Mais les obstinés zélotes refusèrent de se rendre, bien qu'ils n'aient eu aucune chance face à la supériorité en nombre, en machines de guerre, en armement et en discipline de la meilleure armée du monde.

Sous Titus, les Romains réagirent en incendiant le Temple, mettant le feu à toutes ses boiseries, et allant même jusqu'à jeter une torche allumée dans le sanctuaire. Avant que le bâtiment soit réduit en un tas de décombres, les romains emportèrent quelques-unes des pièces de son inestimable mobilier, pensant quel effet produiraient ces merveilleux trophées lors de leur parade victorieuse de retour à Rome.

Après la réalisation littérale de la prophétie de Jésus : « il ne restera pas ici pierre sur pierre qui ne soit renversée » (Matthieu 24.2), tout ce qui resta du Temple d'Hérode après le passage de l'armée romaine fut la plate-forme sur laquelle il avait été construit.

Le massacre.

Les Romains se montraient toujours impitoyablement efficaces dans les combats. En écrasant la résistance des zélotes juifs, les Romains massacrèrent tous les habitants qui ne s'étaient pas réfugiés dans les montagnes environnantes. Entre le début du siège de Titus sur la ville et la chute de la dernière pierre du Temple, on estime que plus d'un million de Juifs ont été massacrés.

L'Arc de Triomphe de Titus, à Rome, érigé pour commémorer la victoire de Titus sur les Juifs.

Titus, le général romain vainqueur, qui massacra les Juifs et détruisit leur Temple en 70 ap. J-C.

ci-dessous : Une poignée de sicles juifs, datant de 66-70 ap. J-C, et la lampe à huile avec laquelle ils furent découverts par des archéologues. Ils furent probablement cachés par une famille juive terrifiée, pendant l'assaut romain sur Jérusalem en 70 ap. J-C.

Le pillage du Temple

Rome n'était pas l'ami des premiers chrétiens. Sous Néron, l'empereur qui précéda Vespasien, les chrétiens ont été persécutés et accusés d'avoir allumé le grand incendie de Rome, et l'apôtre Paul fut martyrisé.

Rome était fière de ses victoires militaires. Un monument commémoratif, l'Arc de Triomphe de Titus, fut érigé à Rome et montre les soldats emportant les trésors inestimables qu'ils avaient dérobés dans le Temple de Jérusalem en 70 ap. J-C.

Le relief ci-dessous représente les Romains portant triomphalement le chandelier d'or à sept branches et la Table des pains de proposition. Il s'agit de la seule représentation contemporaine du mobilier du Temple subsistant aujourd'hui.

Après 3 000 ans...

Depuis la destruction du Temple en 70 ap. J-C, le plus saint des lieux de pèlerinage juifs est le pan occidental du mur qu'Hérode le Grand fit construire pour entourer l'aire du Temple. Il s'agit du seul lien subsistant avec le Temple.

La plupart des blocs de pierre qui composent ce mur datent de l'époque d'Hérode et ont en moyenne 1,2 mètre de haut et entre 1 et 7 mètres de long. Avant la division de Jérusalem entre les Arabes et les Israéliens, et depuis la Guerre des Six Jours en 1967, les Juifs ont prié au pied du mur occidental. Les Juifs, beaucoup en vêtements traditionnels, y observent le Sabbat chaque semaine.

Le Mur des Lamentations.

Le mur a également été baptisé Mur des Lamentations. Les Juifs s'y rassemblent pour pleurer la perte de leur Temple, reproduisant une expérience similaire rapportée dans le Livre des Lamentations, au sujet de la destruction préalable de Jérusalem et du Temple de Salomon : « elle est assise solitaire, cette ville si peuplée... c'est sur eux que je pleure, mes yeux fondent en larmes... Le Seigneur a rejeté son autel, dédaigné son sanctuaire » (Lamentations 1.1,16 ; 2.7). Selon la tradition, les gouttes de rosée qui se forment sur les pierres sont des larmes versées par le mur, en compassion des Juifs exilés !

Pour les Juifs religieux, la destruction de Jérusalem fut un désastre absolu, car tout le système sacrificiel s'effrondrait. Mais les chrétiens réalisent que le Temple avait servi son but. La toute première chose rapportée par Matthieu dans son Evangile, après la mort de Jésus, est que « le voile du Temple [le 'rideau' qui séparait le Lieu saint du Lieu très saint] se déchira en deux de haut en bas » (Matthieu 27.51). Jésus nous avait donné accès à la présence de Dieu (lire aussi Hébreux 6.19-20 ; 10.19-22).

Un jeune garçon juif fêtant sa barmitzvah, lisant les rouleaux de la Torah, devant le Mur Occidental à Jérusalem.

Des Juifs orthodoxes priant devant le Mur des Lamentations.

Le Mont du Temple vu du ciel

Le site original du Temple est situé sur le Mont Morija, où Abraham, ayant vécu environ mille ans avant David, avait érigé un autel pour offrir son fils Isaac, en obéissance au commandement divin (Genèse 22).

David choisit cette même colline pour site du futur Temple. David acheta à Ornan son aire de battage et le terrain environnant parce qu'il avait confessé son péché de recenser le peuple et que la plaie cessa. David versa à Ornan six cents sicles d'or, valant environ 70.000 francs et déclara, « Ici sera la maison de l'Eternel Dieu, et ici sera l'autel pour l'holocauste d'Israël » (Lire 1 Chroniques 21-22).

Le Temple de Salomon, le Temple d'Hérode et, désormais, le Dôme du Roc, prétendent tous avoir été construits sur cet emplacement exact.

Un Temple céleste

La destruction de Jérusalem et de son Temple par les Romains n'est mentionnée nulle part dans le Nouveau Testament, bien que certains de ses livres aient été écrits après 70 ap. J-C. La plupart des premiers chrétiens étaient convertis du judaïsme ; comment ont-ils supporté la perte du Temple ?

Un Temple spirituel.

L'auteur de la lettre aux Hébreux ne décrit pas l'édifice du Temple (comme le font certains livres de l'Ancien Testament de façon détaillée) mais explique sa signification spirituelle. Hébreux dirige l'attention du lecteur sur le temple spirituel, utilisant le temple terrestre pour illustrer l'enseignement chrétien car, désormais, le Christ crucifié et ressuscité est aux cieux.

■ Le Temple de Salomon n'était qu'une 'image et une ombre' du temple céleste (Exode 25.8-9 ; Hébreux 8.5).

■ Le véritable lieu saint est le temple céleste (Hébreux 9.24).

■ Le sanctuaire céleste appartient à la nouvelle alliance (Hébreux 6.19-20).

■ Parce que Christ est notre souverain sacrificateur et se trouve déjà dans le temple céleste, les chrétiens participent désormais à l'adoration qui s'y déroule (Hébreux 6.19-20).

■ Le temple céleste est « l'assemblée des premiers nés [c'est-à-dire les chrétiens] inscrits dans les cieux » (Hébreux 12.23).

■ Paul écrit également que les chrétiens sont le « temple saint » du Seigneur (Ephésiens 2.19-22) et Pierre dit que les chrétiens sont des « pierres » dans l'édifice du temple (1 Pierre 2.5).

La nouvelle Jérusalem.

Le livre de l'Apocalypse, se faisant l'écho de la vision d'Esaïe et d'Ezéchiel, visualise la nouvelle Jérusalem céleste : « Et je vis descendre du ciel, d'auprès de Dieu, la ville sainte, la nouvelle Jérusalem, prête comme une épouse qui s'est parée pour son époux. J'entendis du trône une forte voix qui disait : voici le tabernacle de Dieu avec les hommes ! Il habitera avec eux, ils seront son peuple, et Dieu lui-même sera avec eux » (Apocalypse 21.2-3).

Le Mont du Temple vu par la fenêtre de la Chapelle de Dominus Flevit, située sur le Mont des Oliviers.

Pas de temple au ciel.

Il manque certainement quelque chose. L'observation « Je n'y [c'est-à-dire dans la ville] vis pas de temple » (Apocalypse 21.22) n'est-elle pas le comble de la déception ? Pas de temple aux cieux ? Après le Tabernacle, le Temple de Salomon et le Temple d'Hérode, désormais plus de temple !

Le mur occidental du Mont du Temple, vu de la Porte du Fumier.

Ce qui peut sembler décevant s'avère être tout le contraire, car Jean termine sa phrase « Je n'y vis pas de temple » par ces mots : « car le Seigneur Dieu Tout-Puissant est son temple, ainsi que l'Agneau ». La « forte voix » (Apocalypse 21.3) avait déjà déclaré, « Voici le tabernacle de Dieu est avec les hommes. Il habitera avec eux. »

Lorsque Moïse s'adressait à Dieu dans le Tabernacle « comme à un ami », il expérimentait les cieux sur la terre, la raison d'être du Temple. Au ciel, aucun temple n'est nécessaire parce que « le Seigneur Dieu Tout-Puissant est son temple, ainsi que l'Agneau ».

La Porte Dorée à Jérusalem, par laquelle, selon la tradition, Jésus reviendra.

Index

Remerciements :

Illustrations
James MacDonald : p. 13
Alan Parry : pp. 4-5, 6-7, 14, 23
Paul Wyart : pp. 10-11

Photographies
CMJ : pp. 3, 21, 22
Three's Company/Tiger Colour Library : pp. 8, 12 (en bas), 24, 25 (en haut et à droite), 26, 27, 30-31
Zev Radovan : pp. 12 (en haut), 25 (en bas à gauche), 28-29
Alec Garrard (Maquette du Temple) : pp. 1, 9, 13, 15, 16-17, 18-19, 20